AF336334

L'ENSEIGNEMENT

DE LA

PHYSIOLOGIE

DANS LES FACULTÉS DES SCIENCES

Par M. S. ARLOING.

LEÇON INAUGURALE

FAITE A LA FACULTÉ DES SCIENCES DE LYON, LE 6 MAI 1884.

LYON

IMPRIMERIE DE L. BOURGEON

Rue Saint-Paul, 36-38.

1884

PHYSIOLOGIE

[illegible]

Au moment de parler pour la première fois dans l'amphithéâtre de la Faculté des sciences de Lyon, je ne puis me défendre d'une vive émotion.

Je me présente pourtant dégagé de préoccupations pénibles.

J'ai le bonheur de me trouver en face d'une chaire nouvelle ; par conséquent, je n'ai point à remplir le rôle douloureux du panégyriste, ni à faire oublier, tâche souvent insurmontable, un maître qui aurait su s'emparer du cœur et de l'esprit de ses auditeurs. Mais je sens tout le poids de l'honneur qui m'a été fait.

Toutefois, partagé entre la crainte et la reconnaissance, je ferai taire celle-là pour m'abandonner à la libre expression de celle-ci.

Je tiens à exprimer la profonde gratitude que je dois à M. le Ministre de l'instruction publique et à M. le Directeur de l'enseignement supérieur qui viennent de m'accorder un témoignage de leur confiance, à l'administration académique qui m'a déjà donné maintes preuves d'une sollicitude bienveillante et éclairée, et au physiologiste éminent qui eut l'initiative de cette création.

Je ne saurais oublier, en cette circonstance, tous mes maîtres, et particulièrement M. Chauveau qui m'a préparé à ces fonctions par ses savantes leçons et ses affectueux conseils, ni M. le Doyen de la Faculté des Sciences et mes nouveaux collègues qui m'ont réservé le meilleur accueil.

En inaugurant le cours de physiologie, je pouvais choisir entre deux manières : aborder immédiatement le sujet des leçons de ce semestre ou entrer dans des considérations générales qui en seraient comme le préambule.

Ce second mode est presque toujours suivi. Je ne dérogerai pas à l'habitude prise depuis longtemps par mes devanciers.

J'examinerai donc, aujourd'hui :

1o L'utilité d'un enseignement particulier de la physiologie dans les Facultés des Sciences ;

2o Son étendue et ses divisions ;

3o Son caractère ;

4o L'idée philosophique qui présidera à l'enseignement dogmatique de la chaire et aux recherches originales du laboratoire.

I

L'enseignement de la physiologie a toujours fait partie du programme des Facultés des Sciences. Mais la constitution de la physiologie à l'état indépendant n'est pas un fait commun dans leur histoire.

C'est en 1854 seulement que l'on créait une première chaire de physiologie générale à la Faculté des Sciences de Paris; et, jusqu'à ces jours derniers, on a pensé que cette chaire, occupée successivement par Cl. Bernard et par M. Bert, était une chaire *ad hominem* ou tout au moins une chaire destinée à compléter l'enseignement d'une capitale.

L'événement est venu nous démontrer le contraire. On a même pu entendre dire à la tribune du Parlement que la création d'une chaire de physiologie à la Faculté des Sciences de Lyon était la première d'une série nouvelle qui comprendrait toute les Facultés principales du pays.

Cette mesure, particulière à notre ville, mais appelée dans la suite à devenir générale, fait partie d'un programme de réformes dont l'application est déjà commencée. Néanmoins, elle n'a peut-être pas été très bien comprise par toutes les personnes qui s'intéressent à la marche de l'enseignement universitaire. Aussi, je désire attirer votre attention sur l'opportunité de la création à laquelle nous avons assité.

Je demande toutefois que l'on ne se méprenne pas sur mes intentions. Je n'ai pas à justifier un acte de haute administration ; mais, puisqu'aussi bien j'ai été chargé du nouvel enseignement, je dois en sentir toute l'importance et mon devoir est de faire passer la conviction dans vos esprits.

Je chercherai donc à démontrer que la physiologie a sa place marquée dans un système complet d'enseignement scientifique dégagé de toute application à une profession déterminée.

I. — L'importance d'un sérieux enseignement de la physiologie dans les écoles de médecine éclate à tous les yeux. Tout le monde comprend que les progrès de la pathologie sont corrélatifs de ceux de la physiologie et que la saine appréciation des troubles d'une fonction doit être précédée de la connaissance approfondie de cette fonction à l'état normal. La physiologie, on le sait, on le proclame, est l'une des bases les plus solides de la médecine. Mais cette science a-t-elle quelque raison de sortir des établissements où elle a sa place indiquée depuis Hippocrate et surtout depuis Galien, pour s'implanter dans une maison où la science pure est l'unique préoccupation ? Oui, messieurs.

La physiologie, en effet, n'étudie pas seulement les fonctions de l'homme et des animaux dont l'organisation s'en rapproche le plus ; la physiologie est encore la science de la vie ou, autrement dit, la biologie dynamique. Elle s'occupe des propriétés des corps organiques dans le but élevé de trouver les lois qui les régissent et de prévoir la nature et la marche des phénomènes que l'on n'a pas encore étudiés.

Ainsi comprise, la physiologie a un champ trop vaste et d s aspirations trop générales pour rester une science d'application ; elle a le droit de figurer dans l'enseignement encyclopédique.

D'ailleurs, la physiologie ne peut pas être isolée des autres branches du savoir humain. Plusieurs sciences nous préparent à son étude ; à son tour, elle nous prépare à aborder les problèmes les plus ardus de la philosophie.

La mathématique, science la plus ancienne et relativement la plus simple, a servi au développement de l'astronomie. Grâce à elle, l'astronomie a pu grouper et coordonner les observations isolées que l'on avait recueillies sur les phénomènes célestes, et se transformer en un problème de mécanique. L'astronomie est un précieux auxiliaire pour la physique. Elle lui a servi à établir la théorie de la lumière, et, par la théorie de la gravitation universelle, lui a aidé à comprendre la pesanteur. La connaissance des propriétés générales de la matière, de la pesanteur, de la chaleur, de la lumière, de l'électricité permet d'entreprendre une étude fructueuse de la chimie. Enfin, la chimie elle-même, nous prépare à explorer le domaine de la physiologie.

Effectivement, le caractère le plus général de la vie n'est-il pas la nutrition ? Et, la nutrition n'est-elle pas un mouvement incessant de composition et de décomposition, c'est-à-dire un acte chimique ?

La physiologie apparaît donc, selon l'expression de Littré, *comme le point culminant d'une série dont les termes deviennent de plus en plus compliqués.*

Conséquemment, la physiologie doit figurer dans un enseignement scientifique complet. Elle vient s'intercaler avec l'anatomie ou biologie statique, entre la cosmologie, d'une part, c'est-à-dire la mathématique, l'astronomie, la physique, la chimie, et, la sociologie, d'autre part.

Toutes ces sciences se lient, s'enchaînent et se prêtent un mutuel appui. Il serait chimérique d'espérer qu'elles progresseraient longtemps indépendamment les unes des autres. Je les ai présentées dans l'ordre naturel de leur développement ou de leur évolution ; mais, au point où elles sont arrivées, elles usent entre elles de générosités réciproques.

Si je sors de ce point de vue purement spéculatif, il me sera facile de vous montrer les grands avantages de la physiologie comme élément d'instruction générale.

La science, au nom de laquelle j'ai l'honneur de parler, ne se borne pas à étudier la vie en elle-même; elle étudie aussi l'action des milieux comme agents modificateurs de l'organisme et comme sources d'excitation des phénomènes nutritifs et intellectuels.

Elle nous apprend donc à gouverner les animaux et les plantes, à les soumettre à notre domination, à les modifier selon nos besoins ou nos caprices. En un mot, elle nous prépare à la conquête des principales richesses de notre planète.

Comme l'homme est le type vers lequel convergent toutes ses investigations, on peut ajouter qu'elle prépare à la science du gouvernement des hommes et des sociétés, d'après des bases que l'on néglige trop souvent.

Enfin, en faisant connaître au philosophe les instruments de la sensibilité, de l'intelligence et de la volonté, leur excitabilité et leurs réactions, leur susceptibilité et leurs altérations, la physiologie lui fournit un point d'appui solide dans l'étude de l'esthétique, de la logique et de la morale.

Or, je demande maintenant, si tout esprit qui aspire à une culture complète ne doit pas s'attendre à recevoir cette connaissance de l'enseignement supérieur débarrassé, je le répète, de toute question technique ou professionnelle ?

La physiologie a donc sa raison d'être dans les Facultés des Sciences :

1o Parce qu'elle est la science des phénomènes physico-chimiques de la vie ;

2o Parce qu'elle ne peut être séparée des autres branches du savoir humain ;

3o Parce qu'elle est un précieux élément d'instruction générale.

II. — Mais, répondra-t-on, la physiologie est liée à la science de l'organisation: celle-ci domine la forme ; la forme est une base de la classification ; la physiologie doit donc être englobée dans la zoologie !

Cette idée fut longtemps dominante dans les Facultés des sciences qui, néanmoins, prétendent, à bon droit, avoir rempli leur tâche avec distinction.

Nous rendons hommage au savoir et au caractère de nos maîtres ; mais nous ne saurions partager leur opinion sur ce point.

La Faculté de Paris reçut cette tradition du Muséum d'histoire naturelle où elle était défendue par les hommes les plus éminents.

Dans une lettre célèbre que G. Cuvier écrivait à Mertrud, en l'an VIII, au moment où il publiait ses Leçons d'anatomie comparée, ce savant subordonnait nettement la physiologie à l'histoire naturelle et particulièrement à l'anatomie comparée. Il voyait la physiologie sans principes, sans méthode, sans autre moyen de sortir des problèmes difficiles de la vie qu'en observant attentivement l'organisation dans les différentes classes d'animaux.

Je ne voudrais pas altérer la forme des arguments de Cuvier ; aussi, les citerai-je textuellement :

« Toutes les parties d'un corps vivant sont liées, dit Georges Cuvier ; elles ne peuvent agir qu'autant qu'elles agissent toutes ensemble : vouloir en séparer une de la masse, c'est la reporter dans l'ordre des substances mortes, c'est en changer entièrement l'essence. Les machines qui font l'objet de nos recherches ne peuvent être démontées sans être détruites ; nous ne pouvons connaître ce qui résulterait de l'absence d'un ou de plusieurs rouages, et par conséquent nous ne pouvons savoir quelle est la part que chacun de ces rouages prend à l'effet total. »

On ne peut affirmer plus explicitement l'impuissance des *vivisections*.

« Heureusement, ajoute-t-il, la nature semble nous avoir préparé elle-même des moyens de suppléer à cette impossibilité de faire certaines expériences sur les corps vivants. Elle nous présente dans les différentes classes d'animaux, presque toutes les combinaisons possibles d'organes ; elle nous les montre réunis, deux à deux, trois à trois, et dans toutes les proportions ; il n'en est, pour ainsi dire, aucun dont elle n'ait privé quelque classe ou quelque genre, et il suffit de bien examiner les effets produits par ces réunions et ceux qui résultent de ces privations pour en déduire des conclusions très vraisemblables sur la nature et l'usage de chaque organe et de chaque forme d'organe. »

Il va encore plus loin dans cette voie.

« On peut observer, dit-il, la même marche, pour déterminer l'usage des diverses parties d'un organe et pour reconnaître celles qui sont essentielles et les distinguer de celles qui ne sont qu'accessoires. Il suffit de suivre cet organe dans toutes les classes qui l'ont reçu et d'examiner quelles sont les parties qui s'y trouvent toujours et quel changement opère, dans les fonctions relatives à cet organe, l'absence de celles qui manquent dans certaines classes. »

Impossible de transformer plus complètement la physiologie en science contemplative, absolument subordonnée aux progrès de la zoologie et de l'anatomie comparée.

En cette occurence, comment pouvait-on songer à l'indépendance de la physiologie !

Plus tard, dans son grand et bel ouvrage sur l'anatomie et la physiologie comparée, M. Milne-Edwards ne subordonne plus aussi nettement la physiologie à l'anatomie, mais se prononce pour l'union indissoluble de ces deux sciences.

« A mes yeux, écrit le savant doyen de la Faculté des sciences de Paris, la physiologie et l'anatomie sont deux parties inséparables d'une seule et même science. Non seulement, elles se prêtent un mutuel et nécessaire appui, mais leur but est commun et elles doivent se confondre sans cesse dans la pensée de tous ceux qui, à l'exemple d'Aristote, cherchent à connaître la nature des animaux.

« Quel intérêt, en effet, le philosophe trouverait-il dans l'étude de la structure intérieure de tous ces êtres, si cette étude ne se liait, dans son esprit, à celles des fonctions de leurs organes ? Et comment pourrait-il acquérir des idées saines touchant les facultés dont les corps vivants sont doués, s'il restait dans l'ignorance des agents matériels ou instruments à l'aide desquels ces facultés s'exercent ? Pour résoudre de pareilles questions, il suffit de les poser nettement, et, par conséquent, je ne m'arrêterai pas davantage à motiver l'union intime que je me propose de maintenir toujours ici entre l'investigation des phénomènes de la vie et l'examen des organes qui servent à les produire. »

Comme à tout énoncé de principes, il faut des exemples, on n'a pas manqué de citer parmi les preuves de la justesse de ces vues l'une des plus grandes découvertes du XVIIe siècle, celle de la circulation du sang. On a soutenu que les observations anatomiques ou les hypothèses de Galien, de Vésale, de Michel Servet, de Realdo Colombo, de Cesalpino, de Charles Estienne, de Fabrizio d'Acquapendente avaient rendu l'œuvre de Guillaume Harvey superflue. La vérité est que les éléments du grand problème de la circulation du sang avaient été recueillis avant 1628 ; mais furent rassemblés seulement par Harvey en un système de faits incontestables, à l'aide de procédés qui appartiennent à la physiologie, par *l'expérimentation*.

Il est, au surplus, facile de démontrer que l'anatomie serait incapable de mener à la connaissance complète de certaines fonctions,

tandis que, dans beaucoup de cas, la physiologie seule a soup-
çonné et prouvé l'existence de plusieurs actes vitaux.

Prenons la respiration. L'anatomie laisse-t-elle pressentir autre
chose qu'un acte mécanique qui amène l'air atmosphérique au
contact médiat du sang pulmonaire ? Est ce là cependant toute la
respiration ? Est-ce même la partie essentielle ? Non. Il a fallu les
découvertes de Lavoisier, les considérations physico-chimiques de
Lagrange, les expériences de Magnus, de Cl. Bernard, de Ludwig
et de Paul Bert pour nous montrer que la respiration est une
fonction qui s'accomplit dans tous les points de l'organisme et que
la ventilation pulmonaire a simplement pour objet d'introduire le
gaz nécessaire à son exercice ou d'éliminer ses déchets.

Passons au foie, et demandons-nous par quel moyen l'anatomie
serait arrivé à la connaissance de la glycogénie hépatique.
Existe-t-il, dans cette glande et dans son appareil excréteur, une
disposition qui permette de supposer que cet organe forme simulta-
nément de la bile et du sucre ? La physiologie seule, par ses
moyens d'investigations, a doté la science de cette découverte,
l'une des plus belles de Cl. Bernard.

Enfin, Messieurs, il y a des fonctions dont les organes sont
partout et nulle part, par exemple, la calorification. Si nous avions
attendu que les agents de cette fonction fussent passés sous le
scalpel ou la loupe de l'anatomiste, nous ne saurions à peu près rien
sur la chaleur propre aux êtres vivants.

Ajouterai-je que certains organismes possèdent des fonctions
sans présenter les organes différenciés qui les remplissent chez les
êtres plus élevés ! En pareil cas, la méthode contemplative de Cuvier
est condamnée à l'impuissance ; la physiologie, au contraire, devient
science révélatrice.

On retarderait donc la marche de la physiologie si on l'enchaînait
à l'anatomie.

L'anatomie comparée et l'histologie comparée appliquées à
l'étude des séries organiques peuvent être d'un grand secours à la
physiologie. Elles lui ouvrent des horizons, lui fournissent de
nouveaux moyens d'étude, corroborent utilement ses découvertes ;
mais elles ne sauraient prétendre à la devancer nécessairement
partout. Sans être absolument renseignée sur les terminaisons ner-
veuses, la physiologie a trouvé des nerfs sensitifs dans les organes
actifs du mouvement, des nerfs moteurs dans l'épaisseur des tégu-
ments et des glandes ; avant de connaître les délicates relations
des nerfs avec les cellules de l'axe cérébro-spinal, elle a montré
que l'excitation artificielle des nerfs sensitifs pouvait provoquer
des mouvements comme une excitation volontaire.

Née du sein de l'anatomie, élevée dans ses bras, elle demande aujourd'hui à voler de ses propres ailes. Cl. Bernard fut son avocat autorisé et convaincu. Il a réclamé son indépendance parce qu'elle est utile à son évolution, comme je viens de le prouver, et parce qu'elle en est digne : digne, par les immenses progrès qu'elle a réalisés depuis un demi-siècle ; digne, parce qu'elle a su se créer une méthode pour marcher à la conquête de la certitude, méthode connue sous le nom de *déterminisme expérimental ;* digne, enfin, parce qu'elle a su adapter à ses recherches les procédés qui ont fait le succès de la physique et de la chimie.

L'application de ces procédés exige d'ailleurs une éducation spéciale. Dans les Facultés de Médecine, on ne croit plus que tout anatomiste soit apte à poursuivre ou à diriger immédiatement des travaux de physiologie. La séparation de l'anatomie et de la physiologie est un fait accompli partout où elle a été possible en France et à l'étranger. Pourquoi les Facultés des Sciences *en général* persisteraient-elles dans une voie d'exception ?

La séparation à laquelle nous assistons, Messieurs, quoique tardive, arrive néanmoins logiquement à son heure. La subordination des Sciences que j'évoquais, il y a quelques instants et l'histoire de leur évolution successive montrent que l'individualisation de la physiologie, science essentiellement expérimentale, devait venir après que la zoologie eut épuisé presque toutes les ressources de l'observation.

II.

Maintenant, messieurs, j'ai un autre devoir à remplir. L'enseignement de la physiologie étant justifié, voyons ce qu'il sera.

Cet enseignement devra embrasser l'étude de la vie d'une manière abstraite dans tout le règne organique, puis animer les descriptions anatomiques et zoologiques que les auditeurs de la Faculté suivent dans une chaire voisine.

S'il devenait exclusivement descriptif ou général, j'estimerais qu'il manquerait son but. Cette duplicité, au contraire, l'adaptera aux besoins des étudiants de la Faculté des sciences qui veulent s'élever aux considérations générales sur les phénomènes de la vie et connaître les faits particuliers sur lesquels elles reposent et à l'aide desquels on a pu les formuler.

Le programme que nous développerons comprendra donc la *physiologie générale* et la *physiologie comparée.*

Ces qualifications ayant été diversement interprétées, je demande la permission d'expliquer le sens que je leur accorde.

Quelques personnes ont cru que la physiologie générale comprenait l'étude des différentes ,fonctions` dans toutes les classes d'animaux, voire même dans tous les êtres vivants.

La majorité croit, au contraire, avec Cl. Bernard, que la physiologie générale est la physiologie des éléments de l'organisation qui sont en même temps les éléments actifs de la vie.

Cherchons des raisons pour nous déterminer dans le choix de l'une ou l'autre de ces interprétations.

I. — Si nous remontons dans le passé de l'anatomie, tronc d'où s'élança la physiologie, cette vigoureuse branche qui a acquis, comme certaines pousses végétales, tous les organes nécessaires à sa vie, nous voyons que cette science s'est d'abord composée de notions sur la situation, la forme et les rapports des organes, puis de connaissances éparses sur leur structure intime. On a pu rassembler les organes en appareils. d'après leur succession, leurs rapports ou leurs usages. Mais en ce qui regarde leur constitution, aucune vue d'ensemble n'avait permis de grouper les descriptions que nous devions à quelques observateurs patients et consciencieux, avant l'apparition de Bichat.

L'immortel Bichat établit le premier qu'il existait, dans l'organisation, des parties similaires offrant les mêmes caractères morphologiques, physico-chimiques et physiologiques, quelle que soit leur situation dans l'édifice animal. Ces parties similaires sont les *tissus* ; l'ensemble de chacun d'eux dans l'économie forme des *systèmes*.

Si l'on procède à l'analyse anatomique des tissus, on arrive à l'unité constitutive, appelée *élément anatomique*. On distingue dans un tissu les *éléments fondamentaux* et les *éléments accessoires*.

A partir de Bichat, on peut donc diviser l'anatomie normale en *anatomie générale* et *anatomie descriptive*. La première s'occupe des éléments, des tissus et des systèmes ; la seconde étudie la situation, la forme, les rapports, la constitution des organes et leur groupement en appareils.

L'anatomie générale ne varie point dans le but qu'elle poursuit. L'anatomie descriptive au contraire étudie les organes, tantôt intrinsèquement, dans une seule espèce, on l'appelle alors *anatomie descriptive spéciale*, tantôt dans la série animale, de façon à en faire ressortir les différences et les caractères d'une espèce à l'autre; on lui donne dans ce cas le nòm d'*anatomie comparée*.

Quelquefois elle étudie l'organisation dans la série animale avec l'intention de montrer les analogies et les ressemblances plus ou

moins dissimulées sous les formes apparentes ; on la nomme *anatomie philosophique*. C'est l'anatomie philosophique qui nous montre
l'unité du plan de l'organisation dans les grandes coupes du règne
animal ; elle, par exemple, qui sait découvrir les pièces osseuses
de l'ouïe humaine dans l'appareil operculaire des poissons, la constitution pentadactyle de la main de l'homme dans le pied du cheval,
etc., etc. Elle est le théâtre des hautes généralisations dans le domaine de l'anatomie descriptive.

II. — La physiologie qui est l'étude de l'organisme ou de l'organisation en action pourra à la rigueur ordonner son domaine de la
même manière que celui de l'anatomie.

A l'anatomie générale, correspondra la *physiologie générale*, c'est-
à-dire la physiologie des éléments, des tissus et des systèmes.

A l'anatomie descriptive correspondra la *physiologie des fonctions*.

Seulement, les systèmes comprenant l'ensemble des tissus cor-
respondants, et les propriétés physiologiques de ceux-ci dérivant
des propriétés de leur élément anatomique fondamental, la *physiologie générale* se réduit à la *physiologie des éléments*.

Or, parmi les éléments, il en est un, la cellule, qui appartient à la
fois aux animaux et aux plantes En conséquence, la *physiologie
générale* se permettra d'étendre quelquefois son domaine jusque sur
le terrain de la botanique, sans franchir les limites qui lui sont tra-
cées par la distribution des chaires et la bonne confraternité.

Quant à la *physiologie des fonctions*, elle est *spéciale*, quand elle
s'applique à une seule espèce, telle, la physiologie humaine, *comparée*, quand elle s'applique à montrer les différences que présen-
tent les fonctions dans la série animale.

Je me hâte de dire que cette distinction subsiste plus dans les
termes que dans les faits. Il n'y a pas, aujourd'hui, de physiologie
qui ne soit plus ou moins comparée. On sait très bien que la
meilleure physiologie de l'homme est celle qui se fait à l'aide des
animaux. Mais les sujets d'étude sont plus ou moins nombreux
suivant le but à atteindre. A la Faculté des sciences, on doit les
emprunter à tous les degrés de la classification.

Pour suivre jusqu'au bout, le parallélisme que j'ai voulu établir
entre l'anatomie et la physiologie, je propose de réserver dans le
tableau de la physiologie des fonctions, une place pour une division qui répondrait à l'*anatomie philosophique*.

Dans ma pensée, la *physiologie philosophique* est, le plus souvent,
le vestibule qui nous conduit dans le temple de la physiologie générale. Souvent, en effet, on déduit la physiologie de l'élément, de
l'étude de la fonction d'un organe dans la série, faite en vue de

saisir les ressemblances et les analogies. Parfois, cette physiologie philosophique se confond avec la physiologie générale elle-même, c'est lorsque celle-ci s'applique à l'étude des manifestations générales de la vie, chez des êtres vivants complets, envisagés comme des agrégats homogènes d'éléments anatomiques.

Si l'on veut connaître l'influence de l'eau, de la chaleur, de la lumière comme grands facteurs de la vie, on ne l'étudiera pas sur chaque élément de l'organisation, mais sur l'être complet, lequel est, presque toujours, une agrégation d'éléments divers.

Le domaine de la physiologie générale ne s'étendant rigoureusement qu'aux parties organiques élémentaires, ne pourrait-on pas admettre cette division qui aurait l'avantage de l'agrandir?

Toutefois, messieurs, vous aurez assurément compris que la physiologie philosophique et la physiologie générale se pénètrent mutuellement. Elle figure au pied du tableau, mais en réalité, elle confine à la tête. Si les divisions de la physiologie étaient rangées dans un cadre circulaire, la physiologie philosophique et la physiologie des systèmes, expression la plus élevée de la physiologie générale, se confondraient à la partie supérieure du schéma.

Telle est ma manière de concevoir le groupement et les affinités des différentes parties du domaine de la physiologie. Il est facile, maintenant, d'indiquer l'étendue de notre futur enseignement : Il comprendra la *physiologie générale* prise dans son acception large, c'est-à-dire confondue avec la physiologie philosophique, et la *physiologie comparée*.

III

L'indication de l'étendue et des divisions d'un enseignement ne suffit pas à le caractériser. Il est donc indispensable d'entrer encore dans quelques développements.

I. — De tout temps, l'*observation* et l'*expérimentation* ont contribué à l'édification de la physiologie.

Galien, de l'école d'Alexandrie, a pratiqué la section des nerfs laryngés et de la moelle épinière, sur le porc, pour établir leurs usages. Il ajoutait donc l'expérimentation à la méthode contemplative usitée déjà au temps d'Aristote.

Suivant les époques et les hommes, la participation de ces deux moyens d'étude aux progrès de la physiologie a notablement varié.

Le règne à peu près exclusif de l'observation s'est prolongé jusqu'à Haller. Celui de l'expérimentation a commencé sérieusement à Haller, a subi une réviviscence avec Magendie et se continue de nos jours.

Ce n'est pas à dire que l'observation soit actuellement bannie de la physiologie. Plusieurs découvertes importantes ont été ébauchées par l'observation ; mais il est à peu près impossible, avec son seul secours, de résoudre les problèmes de la physiologie.

II. — L'observation met sous nos yeux des phénomènes compliqués ou bien des phénomènes fugaces que nos faibles sens ont de la peine à saisir.

Les premiers ont besoin d'être analysés, disséqués, pour être compris; les seconds, d'être amplifiés, saisis et fixés d'une manière indélébiles.

L'expérimentation nous permet de réaliser ces *desiderata*. Elle provoque les phénomènes à notre gré, en règle les conditions et en saisit jusqu'aux moindres détails.

Dans les cas même où les phénomènes sont assez simples pour être déterminés par l'observation, l'expérimentation a encore sa raison d'être. L'expérimentation, comme l'a dit M. Chevreul, dans une discussion qui se passa à l'Académie des sciences, entre Coste et Claude Bernard, l'expérimentation est semblable à la preuve que l'on fait en arithmétique pour vérifier une opération. On n'est certain du résultat qu'après l'avoir employée.

Claude Bernard a caractérisé brièvement le rôle réciproque de ces deux méthodes dans plusieurs pages de ses écrits. Le rôle de l'expérimentation, dit-il, commence là où celui de l'observation finit.

Instruit près d'un maître qui s'est toujours inspiré des méthodes de notre illustre compatriote, je m'efforcerai de continuer leurs traditions à la Faculté des Sciences. *Une part* sera donc faite à *l'observation* ; mais la *plus importante reviendra à l'expérimentation.*

Il ne faut pas entendre par ce mot, l'expérimentation qui se borne à des vivisections. Les vivisections sont des *pis-aller* auxquels les physiologistes actuels se résignent à regret. Leurs tendances sont de s'y soustraire, afin d'apporter le moins de troubles possibles dans l'exercice des fonctions, tendances qui ont valu déjà les beaux résultats de la méthode graphique. Il faut entendre l'expérimentation qui appelle à son aide les lumières de l'histologie, de la physique, de la chimie et de la mécanique. D'ailleurs, il suffit de jeter un coup d'œil sur un laboratoire de physiologie convenablement organisé pour être renseigné sur les caractères de l'expérimentation, telle qu'on la conçoit aujourd'hui.

IV.

On peut apporter dans la façon d'observer et d'expérimenter des dispositions d'esprit ou des tendances différentes, capables de retentir sur les résultats, et au sujet desquelles il est utile de dire quelques mots.

Permettez-moi de vous entraîner un instant sur le champ des hypothèses. Je veux parler de celles que l'on a émises dans le but d'expliquer les phénomènes de la vie.

La vie a été considérée tantôt comme un principe, tantôt comme une résultante.

Dans le premier cas, un principe supérieur et immatériel, que l'on a désigné de plusieurs manières et que je nommerai simplement *principe vital*, domine, provoque et dirige toutes les manifestations de la vie. La masse des organes est elle-même inerte et obéissante.

Pour la plupart des biologistes qui ont précédé Bichat, ce principe serait unique.

Pour Bichat, il existerait autant de forces vitales que de tissus dans l'organisme vivant.

On nous montre cette force ou ces forces vitales intérieures luttant sans cesse contre les lois qui régissent la matière brute. Quand elles succombent dans la lutte, l'organisation tombe sous l'empire des forces physiques ; on assiste à la mort.

Quelques philosophes admettent que ce principe supérieur se manifeste simplement par la pensée, pendant que tous les autres phénomènes de la vie s'accomplissent exclusivement sous l'influence des forces physiques.

De là, à la *théorie organiciste* qui regarde la vie comme une résultante de l'activité de la matière organisée, il n'y a qu'un pas.

Prise isolément, aucune de ces hypothèses ne satisfait l'esprit et ne résiste à un examen impartial.

Par exemple, serait-il possible de prouver l'existence d'une lutte entre les propriétés physiques et les principes vitaux ?

L'observation et l'expérimentation ne démontrent-elles pas plutôt qu'ils sont, chez l'être vivant, dans une parfaite harmonie ? Lorsque les phénomènes physico-chimiques diminuent d'activité, le principe vital faiblit ; au contraire, lorsque les phénomènes physico-chimiques augmentent, les forces vitales s'accroissent.

S'il existait un principe vital indépendant, on ne constaterait pas cette subordination du principe à la matière ; on ne le verrait pas sommeiller en hiver et se réveiller en été ; on ne verrait jamais la vie modifiée aussi profondément par les changements de la température et des saisons.

Faut-il admettre que les forces physico-chimiques suffisent à expliquer la vie ? Pas davantage.

Tous les actes vitaux s'enchaînent avec une régularité parfaite et marchent invariablement vers le même but, qu'il s'agisse d'un animal ou d'un végétal.

Lorsqu'on assiste à l'évolution des feuillets blastodermiques de l'embryon, à leur plissement, à leur involution, toujours identiques dans une espèce donnée ; lorsqu'on voit ces phénomènes se reproduire de la même manière pendant une série de générations ; quand on voit la radicule et la gemmule des plantes, tendre invinciblement à se porter dans des directions opposées ; lorsqu'on voit, chez les êtres développés, les mêmes actes se reproduire aux mêmes époques et dans un but déterminé, sans qu'ils soient réellement voulus, on est obligé de reconnaître qu'une cause supérieure, cause qui nous échappe, assiste à l'exécution de ces phénomènes organiques.

Mais cette inconnue ne peut rien produire sans le concours des forces physico-chimiques. Si nous maintenons une graine, un œuf, à basse température, cette inconnue sera dans l'impossibilité de manifester sa présence. Si, au contraire, nous leur distribuons la chaleur, l'humidité et l'air en proportions convenables, elle reprendra immédiatement son action directrice.

En somme, comme l'a dit Cl. Bernard, « les phénomènes organiques ou vitaux *sont réglés dans leur apparition* par des conditions matérielles, tangibles, physiques, chimiques et mécaniques, *réglés dans l'ordre et la forme* par des lois préétablies. »

Or, ces lois préétablies nous échappent ; nous ne pouvons les atteindre et les plier aux besoins de nos études. Il ne faut donc pas s'en préoccuper ; autrement on se heurterait à un obstacle insurmontable qui arrêterait notre marche et paralyserait nos efforts.

Au surplus, la force vitale *envisagée comme force directrice et non déterminante* peut être supposée toujours semblable à elle-même. Elle existe aussi bien dans l'acte provoqué ou expérimental que dans l'acte spontané. On l'envisagera donc comme une constante négligeable, comme un facteur semblable dans les deux termes d'une équation que l'on aurait à résoudre. De sorte que toute notre attention se portera sur les phénomènes physico-chimiques de la vie.

Il est vrai que les forces de cet ordre sont aussi inconnues dans leur essence que la force vitale ; mais nous connaissons les conditions qui règlent leurs manifestations.

Par conséquent, nous pourrons étudier utilement les *conditions physico-chimiques déterminantes des phénomènes vitaux.*

Nous n'oublierons jamais que ces phénomènes sont identiques dans des conditions identiques.

Nous nous garderons d'expliquer des résultats contradictoires en invoquant, ainsi qu'on l'a fait trop longtemps, une inconnue capricieuse qui semblerait avoir pris à tâche de confondre les physiologistes dans leurs folles prétentions.

Nous chercherons, au contraire, dans l'étude plus attentive de la *conditionnalité* des phénomènes, le pourquoi de ces divergences.

C'est dire, Messieurs, que je fuirai toute discussion stérile pour m'en tenir à l'observation des phénomènes vitaux et à l'étude des conditions de leur production.

Je m'inspirerai constamment du *déterminisme expérimental* de Cl. Bernard, « *ce principe nécessaire de la physiologie* » qui nous révèlera « *les rapports entre les phénomènes et leurs conditions, la seule et la vraie causalité immédiate, réelle et accessible.* »

En me pénétrant de la méthode et de l'esprit rigoureux de ce maître illustre, j'espère donner à cet enseignement une marche et un développement qui ne le rendront pas indigne du haut patronage sous lequel j'ose le placer. Le nom de Cl. Bernard brille parmi ceux qui semblent veiller sur l'avenir de cette Faculté ; il soutiendra le plus humble des admirateurs du génie qui l'a porté.

Lyon, 6 mai 1884.